REMARQUES

DE

MONSIEUR LE HAY,

SUR LA MANIERE DE GRAVER & d'expliquer les Pierres antiques, faites à l'occasion de deux Estampes de la Cornaline du Roy, appellée le Cachet de Michel-Ange.

A PARIS,

Chez JACQUES ESTIENNE, ruë Saint Jacques,
au coin de la ruë de la Parcheminerie,
à la Vertu.

M DCC. X.

Avec Approbation & Permission.

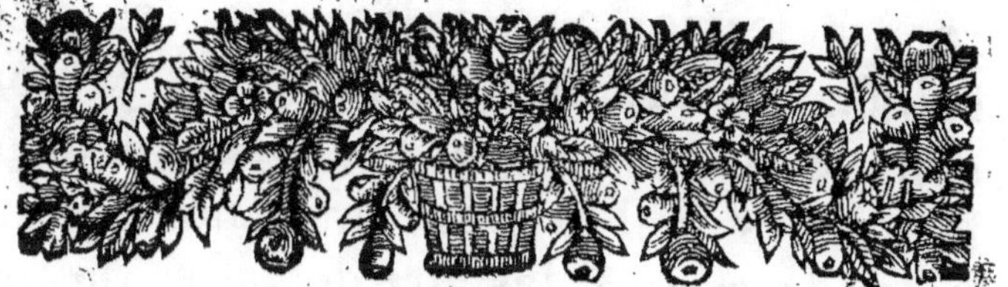

REMARQUES

DE M LE HAY,

Sur la maniere de graver & d'expliquer les Pierres antiques, faites à l'occasion de deux Estampes de la Cornaline du Roy, appellée le Cachet de Michel-Ange.

E vingt-neuviéme Mars dernier il parut une Estampe contrefaite d'aprés celle que Mademoiselle le Hay a mis au jour sur le dessein, qu'elle a tiré en grand, de la Cornaline du Cabinet du Roy.

Au dessous de cette Estampe est un extrait d'une Dissertation de M. D. M. où il prétend qu'on s'est trompé dans la premiere Estampe, en mettant un Satyre au lieu d'un jeune Garçon qu'il croit voir dans l'empreinte de la Pierre ; & en faisant une figure de Femme passante, & vûë par le dos, qui luy paroît de front.

Plein de ces nouvelles idées & du desir de

rendre service au Public, il a crû pouvoir calquer la premiere Estampe & la donner comme sienne, en y changeant seulement les choses qu'il croyoit differentes, & en alterant le trait & les airs de testes de tout le reste, qu'on avoit tâché d'y mettre conformes au goût de l'Antique.

Il ne faut qu'examiner la Pierre même du Cabinet du Roy, pour juger qui a raison de M. D. M. où de Mademoiselle le Hay dans les deux figures contestées.

L'on peut assurer par avance que la figure dont Mademoiselle le Hay a fait un Satyre, n'est point un jeune Garçon, qui tienne à la main ce que nous appellons une Marmite, & *que les Anciens*, comme nous l'apprend M. D. M. *appelloient Olla*. Quelqu'un demandera sans doute comment un Enfant peut tenir cette Olla si droite, grande comme elle est, en ne la tenant, comme il fait, que par l'extrêmité du bord, & avec l'extrêmité de ses doigts ; & ne la soûtenant point par dessous de l'autre main, *qui est occupée à conduire la Victime*. Sans nous arrêter à cette minutie, l'on peut dire que si nôtre Critique avoit autant de goût pour le Dessein qu'il a d'érudition, il n'auroit pas donné une figure des Anciens sous une forme si indigne d'eux.

Ce qu'il y a de certain, c'est que dans la Pierre, la main & le bras que l'on voit de cette figure, semblent embraſſer le col du Bouc, en paſſant au deſſus d'une petite élevation, qui paroît en être le genoux gauche plié & avancé, duquel genoux M. D. M. a fait une marmite.

Quoi-qu'il en ſoit de cette figure, ſatyre ou homme ordinaire, elle paroît dans ſon extrême petiteſſe d'une attitude & d'un contraſte qui en donnera toûjours une grande idée à ceux qui, nez pour le Deſſein, auront cultivé leur genie par l'étude des plus belles Antiques, & qui, à la vûë de ces atomes, ſçavent entrer dans l'intention des anciens Maîtres de l'Art.

Une ſeconde choſe à remarquer dans l'Eſtampe de M. D. M. c'eſt la figure qu'il a retournée : elle étoit paſſante & vûë par le dos, il l'a calquée comme elle étoit, & puis nous la donne vûë de front, ſans avoir pris la peine d'ajuſter le bras de la premiere à cette nouvelle attitude ; de ſorte que d'une main gauche, il en a fait une main droite, & le pouce de ſa figure ſe trouve ou devroit être le petit doigt.

Les Anciens, privez du ſecours des Eſtampes, voulant neanmoins faire paſſer à la Poſterité leurs ſçavantes & ingenieuſes Compoſitions, diſpoſées ſuivant l'art du Tableau, ont fait pour nous tout ce qui leur étoit poſſible de faire dans quelques Pierres gravées

A iij

qui nous reſtent d'eux, & ſur tout dans celle dont il s'agit. Le ſçavant Graveur qui l'a faite, flatté ſans doute que la dureté de la Pierre, au creux de laquelle il confioit ce miracle, feroit parvenir juſqu'aux ſiecles les plus reculez cette admirable Compoſition, n'a rien oublié pour lui donner le caractere du Tableau, en touchant legerement les figures qui ſont ſur le derriere, & prononçant fortement celles qui ſont ſur le devant. Mademoiſelle le Hay eſt entrée dans l'intention de ce Grand homme, & a tiré ſa Compoſition de la ſechereſſe du Bas-relief.

M. M. n'a pû lui pardonner cette liberté. Il a fait autour de ſes figures une ombre comme une frange, pour marquer qu'elles ſont toutes plaquées ſur un même fond, qu'il ſuppoſe un mur uni, au lieu d'un Ciel qu'y avoit feint Mademoiſelle le Hay, mais en même tems il a laiſſé les Terrains qu'elle avoit ſuppoſez pour le jeu de ſes figures : de ſorte qu'elles ſont ici tout à la fois, & plaquées ſur un même mur, & placées ſur differens Terrains, c'eſt-à-dire, éloignées de pluſieurs toiſes les unes des autres.

Paſſons d'autres remarques à faire ſur l'Eſtampe de M. D. M. & venons au Diſcours qu'il a fait graver au deſſous.

L'on dit d'abord que *c'eſt un Deſſein nouveau*, au lieu de dire que c'eſt un Deſſein calqué sur l'Estampe de Mademoiselle le Hay, auquel on a ajoûté deux figures d'un goût fort different.

C'est un Dessein correct, ajoûte-t-on. Ce mot de *correct* peut recevoir deux significations : il se peut entendre, & de l'exactitude avec laquelle on y a représenté tout ce qui est contenu dans la Pierre, & de la maniere élegante dont on l'a représenté : dans ces deux sens M. D. M. peche contre l'exactitude dont il se pique : car les deux figures qu'il a changées ne sont point dans la Pierre de ce goût, ni de cette attitude ; & il y a dans son Estampe d'autres choses changées ou ajoûtées, qu'il n'a point vûes dans l'Empreinte.

A l'égard du Pêcheur qui est au bas de la Pierre, Mademoiselle le Hay l'a omis, parce que cette petite figure, posée sur le devant de son Estampe, auroit produit un fort mauvais effet auprés des autres figures plus reculées, & qui sont plus grandes. C'est une raison pour les Connoisseurs, qui de plus n'auroient pas aimé dans le même Dessein deux sujets, qui n'ont nul rapport l'un avec l'autre : comme on voit que l'a voulu faire connoître le Graveur de la Pierre, en y separant son sujet principal par une grosse ligne droite d'avec le petit Pêcheur, qu'il semble n'avoir mis que pour remplir l'espace vuide qui lui restoit. Mais c'est une circonstance particuliere à cette Pierre, qui ne se trouve dans aucune autre ; ainsi M. D. M. n'aura plus à se plaindre sur cet article.

Il dit ensuite que *cette Pierre est connue sous le nom de Cachet de Michel-Ange, mais qu'elle a appartenu à Raphaël.*

Elle n'est connue sous le nom de Cachet de Michel-Ange, que parce qu'effectivement elle lui a appartenu, comme on le sçait par des preuves & une tradition constante. On sçait de plus que ces deux Grands hommes étoient trop jaloux l'un de l'autre pour se communiquer un si précieux tresor. On sçait encore que Michel-Ange, quoique plus âgé, a survêcu à Raphael, qui par consequent n'a pû acquerir ni avoir ce chef-d'œuvre de l'Art: mais ce qui prouve invinciblement qu'elle a appartenu à Michel-Ange, c'est que l'on a un Dessein & une Estampe avec son nom, gravée de son tems, où sont les deux petites Femmes, dont l'une met une corbeille de raisins sur la teste de l'autre, que Michel-Ange a pris pour en faire une Judith, qui met la teste d'Holoferne sur la teste d'Abra.

M. D. M. vient ensuite à l'explication du Sujet : *C'est*, dit-il, *une espece de Fête & de sacrifice en l'honneur de Bacchus, & en memoire de sa naissance,* &c.

Ne seroit-ce point plûtôt des Vendanges des Anciens, comme on l'a dit, & même des

Vendanges ou auroit affifté Alexandre, qui pour en conferver la memoire, les auroit fait graver par Pirgoteles, comme l'a ingenieufement imaginé le R. P. Tournemine. Cette explication, toute fimple qu'elle eft, n'en paroîtra peut-être pas moins vrai-femblable ; & j'ay une Medaille de Philippe pere d'Alexandre, qui confirmeroit le tems & la conjecture.

M. D. M. veut cependant que cette Pierre antique reprefente une fefte en l'honneur de Bacchus ; & le veut fi bien qu'il y met deux Bacchus à la fois ; un à nourrice, & l'autre grand comme on reprefente Apollon : car, dit-il, *les Grecs confondoient Apollon avec Bacchus*. Mais comment a-t-il ofé imaginer que cet Apollon-Bacchus tint une Patere, pour y faire boire un Cheval ou plûtôt un Afne : car dans fon fyftême il auroit dû voir ici l'afne de Silene ; les Antiques n'ayant jamaïs reprefenté Bacchus avec un cheval : mais foit afne ou cheval, pourquoi le faire boire dans une Patere, vafe confacré au fervice des Dieux ?

M. D. M. fe trompe encore en prenant pour une Cimbale la taffe qu'une *Bacchante enjoüée*, prefente à un des deux Amours.

On ne fçait pas trop comment étoit fait l'inftrument que les Anciens appelloient Cimbale, les Auteurs varient beaucoup là-deffus.

M. Spon*nous le reprefente comme l'inftrument que tient le Faune antique dans fes
mains, compofé de deux efpeces de taffes d'ai-
rain, qu'on frapoit l'une contre l'autre. Mais
quand il s'agiroit ici de cet inftrument: De
bonne foy que veut M. M. que cet Amour faffe
d'une moitié d'inftrument, à moins que pour
en joüer, il ne prie l'Apollon-Bacchus de lui
prêter l'autre.

Enfin M. D. M. nous annonce que le Pef-
cheur hors d'œuvre a peut-être rapport à
une fiction ingenieufe & morale de Theo-
crite ; & au lieu de nous la dire, il paffe tout
d'un coup à la naiffance de ce Poëte, & nous
parle de Ptolomée-Philadelphe.

L'opinion de M. D. M. eft qu'il faut donner les Antiques comme elles font ; il ne
veut pas qu'on ajoûte ou qu'on change rien
à ces excellens ouvrages. Il a raifon quand
ce font des Medailles : ces monumens des
Anciens étant des témoins fidelles de la ve-
rité de l'Hiftoire, il ne doit être permis à per-
fonne d'y ajoûter ni d'en ôter la moindre
chofe ; & les Curieux font même bien d'y
refpecter jufqu'au verdet & à la roüille que
la terre & la longueur des tems y ont mis ;
de crainte qu'en les nétoyant on n'ôte ce qui
y eft, & l'on n'y faffe voir ce qui n'y auroit
jamais efté.

* *Mifcellanea erudita Antiquitatis*, *page 21.*

Il n'en est pas de même de la plufpart des fujets qui font traitez dans les Pierres gra-vées : ce font des fictions ingenieufes, qui ne demandent pas cette fcrupuleufe exactitude ; & fi les Anciens n'y ont pas mis tout ce qui eft neceffaire pour l'effet du Tout-enfemble, c'eft à la matiere, dont ils fe fervoient, qu'il faut s'en prendre. Et pourquoy ceux qui font capables de fuppléer, ne fuppléeront-ils pas à ce qui manque en ce fens à la per-fection des ouvrages de ces Grands hommes. Raphael l'a fouvent fait malgré les Critiques de fon tems ; & j'ay vû depuis peu une Aga-the antique gravée en relief, qui reprefente le jugement de Pâris, où Raphael a pris les fix figures qui le compofent, aufquels il a fçû ajoûter de fon genie plufieurs autres fi-gures non moins belles, & a traité le tout en Tableau. Il a fait plus, au lieu que dans la Pierre la Junon a un bras pendant & collé le long du corps, ce qui eft infipide, il a fait à cette chagrine & imperieufe Déeffe le bras levé, menaçant Pâris : ce qui rend fa Compofition beaucoup plus fpirituelle, plus piquante, & plus convenable au fujet.

Mais, dira M. D. M. eft-ce que Raphael croyoit eftre plus habile que les Anciens ? Non fans doute, puifque leurs ouvrages fai-foient fa principale étude, & qu'il ne ceffoit de les copier pour contracter fur de fi bons

modeles un grand goût dans le Deſſein. Et
c'eſt même par la beauté du travail de la
Pierre, dont nous parlons, qu'il n'a pû reſiſ-
ter à l'envie de ſe l'aproprier. S'il y a fait
ce changement, c'eſt qu'il a cru que le manque de matiere avoit contraint l'Auteur à
faire ainſi le bras de ſa Junon.

Cette réponſe ne contentera pas ſans doute M. D. M. & je ſuis ſeur qu'il prouveroit
contre Raphael que, par ce bras pendant,
l'ingenieux Graveur avoit voulu marquer l'é-
tonnement extrême où le jugement de Pâris
avoit jetté cette fiere Reine des Dieux.

M. D. M. pourroit encore nous alleguer
quelque choſe de mieux là-deſſus.

Raphael s'étoit aproprié les figures de
cette Pierre, & vouloit qu'elles paſſaſſent
pour eſtre originales de lui : dans cette vûe
il a fort bien fait d'y changer quelque choſe.
Il n'en eſt pas de même, dira-t-on, des Eſtampes de Mademoiſelle le Hay, elle prétend nous donner des copies des Anciens ;
elle doit les donner fidelles.

Cette objection eſt ſerieuſe ; auſſi Mademoiſelle le Hay prétend bien y ſatisfaire, en
s'abſtenant de faire aucun de ces ſortes de
changemens : l'ouvrage des Anciens luy eſt
trop reſpectable pour qu'elle y trouve à re-
dire. Elle n'y ajoûtera donc rien que ce que
l'on voit que les Anciens eux-mêmes auroient

si fort souhaité d'y pouvoir mettre, je veux dire la dégradation des figures, & un fond convenable pour les faire valoir.

Si M. D. M. trouve que c'est encore trop, il y a de quoy le contenter. Il peut s'en tenir au petit Dessein qu'on mettra au haut de l'Estampe, & qui sera parfaitement semblable en grandeur & en tout à la Pierre ; mais qu'il trouve bon que dans l'Estampe en grand on tâche de satisfaire les Connoisseurs, qui aiment à voir les choses avec tous les avantages dont elles sont susceptibles.

De tout ce que nous avons dit, on peut conclure du moins que, s'il est permis à un Sçavant comme M. D. M. de nous étaler sa science & ses conjectures sur les Morceaux antiques dont nous ignorons les sujets, il doit sur tout se garder de nous en donner des Desseins conformes à ses idées : cela prouveroit que les Livres ne donnent pas toûjours du goût pour les Arts. Qu'il fasse donc reflexion que les Hommes naissent avec des dispositions differentes, ou acquerent par leur travail differens talens, hors l'étendue desquels il est toûjours dangereux de sortir. Ce n'est pas qu'il ne se trouve quelquefois de ces Genies heureux, capables des connoissances les plus sublimes & les plus opposées ; & qui occupez des grandes affaires de l'Etat, conservent un amour favorable & un goût exquis pour les beaux Arts.

Je finiray ces Remarques en assurant le Public que la Critique de M. D. M. n'empêchera pas Mademoiselle le Hay de tenir sa promesse, en continuant de mettre au jour ses Desseins en grand des plus belles Pierres gravées du Roy.

Il est à souhaiter qu'elles fassent naître, non pas de ces Idées hazardées, & de ces amas bizarres de citations forcées qu'on donne pour des Dissertations ; mais de ces Conjectures heureuses qui conviennent si bien au sujet dont on cherche à s'instruire, & dont les preuves & les citations font amenées avec tant de discernement & de précaution, qu'il semble à tout le monde que les Anciens n'ont pû penser autrement.

APPROBATION.

J'Ay lû par ordre de Monsieur d'Argenson, Conseiller d'Etat & Lieutenant General de Police, un Manuscrit, qui a pour titre : *Remarques de M. le Hay sur la maniere de graver & d'expliquer les Pierres antiques*, &c. & je n'y ay rien trouvé qui en doive empêcher l'impression. Fait à Paris ce 2. Août 1710.

Signé, DE VALLEMONT.

VU en l'Approbation de M. l'Abbé de Vallemont, Docteur en Theologie, permis d'imprimer. Fait le 2. Août 1710. Signé, MARC DE VOYER D'ARGENSON.

www.ingramcontent.com/pod-product-compliance
Lightning Source LLC
Chambersburg PA
CBHW051409050726
47595CB00006B/2782